PAUL BONHOMME

Anicroche

CHARADE EN TROIS ACTES

PRIX : **UN FRANC**

PARIS
LIBRAIRIE THÉATRALE
14, RUE DE GRAMMONT, 14

1892

ANICROCHE

CHARADE

Imprimerie générale de Châtillon-sur-Seine. — PICHAT et PEPIN.

PAUL BONHOMME

ANICROCHE

CHARADE EN TROIS ACTES

PARIS
LIBRAIRIE THÉATRALE
14, RUE DE GRAMMONT, 14

1892

PERSONNAGES :

M. BEAUCORNET [1].
Mme BEAUCORNET [2].
PHILIDOR [3].
ZÉPHYRINE [4].
UN DOMESTIQUE.

---

1. Petit bourgeois endimanché. Gros ventre. Grand col droit. Cravate voyante.
2. Caricature antique. Crinoline. Bonnet noir à fleurs voyantes. Elle aura soin de se faire des rides et de se passer du rouge, *pour se composer un visage rébarbatif.*
3. Artiste, compositeur de musique. Habit étriqué, boutonné jusqu'au col. Pantalon court, etc., etc.
4. Robe de mousseline. Nœuds bleus au cou, à la ceinture, etc., etc.

ANICROCHE

ACTE PREMIER

ANIS pour ANI

La scène se passe chez M. Beaucornet.

SCÈNE PREMIÈRE

BEAUCORNET, seul.

Ouf !... je ne sais plus où donner de la tête !... Je vous assure que ce n'est pas drôle de chercher à marier sa fille, surtout quand on a vu, comme moi, échouer quarante-huit partis... J'en suis à la quarante-neuvième présentation !... Ah ! sapristi ! si j'avais plusieurs enfants, je crois que j'y renoncerais... Mais je n'ai qu'une fille, heureusement... Du reste, je l'ai dit à Zéphyrine : j'irai jusqu'à cinquante ; si le cinquantième ne veut pas de toi, je t'enferme dans un couvent !... Vous comprenez que ça finirait par devenir fatigant. . Enfin, pour le moment, je n'en suis pas encore là... C'est aujourd'hui, à trois heures, qu'arrive le quarante-neuvième prétendu ; et il faut espérer que le mariage pourra se conclure : un jeune homme très bien, dont j'ai fait la rencontre sur l'omnibus de l'Odéon... C'est en lui faisant passer ses trois sous que j'ai commencé à engager la conversation... J'ai cru comprendre que la vie de garçon finissait par lui être à charge... qu'il avait quelques espérances... Bref, en descendant, je me suis dit : voilà mon affaire ! et je lui ai laissé mon adresse... Depuis lors, j'ai fait prendre des renseignements... chez sa concierge... Ils ont été excellents ; au point que je lui ai écrit : « Cher Monsieur, j'ai une fille à marier et si le cœur vous en dit... » — Eh bien ? Angélique ne vient donc pas m'aider ?... En voilà une qui m'en a fait manquer des mariages !... Il faut vous dire qu'elle est laide comme les sept péchés capitaux... et rien qu'à la voir... Ah ! ça, où est-elle donc ? (Appelant.) Angélique !...

SCÈNE II

MONSIEUR BEAUCORNET, MADAME BEAUCORNET.

MADAME BEAUCORNET.

Il y a longtemps que vous m'appeliez ?

BEAUCORNET.

Parbleu !... Une heure ! je m'égosillais... Où étais-tu donc ?

MADAME BEAUCORNET.

J'aidais Zéphyrine à se parer pour la réception de son prétendu... le quarante-neuvième...

BEAUCORNET, sèchement.

Oui, Madame... le quarante-neuvième !... Ce qui veut dire que quarante-huit fois, vous avez fait manquer le mariage !

MADAME BEAUCORNET, larmoyante.

Oh ! Agénor !...

BEAUCORNET.

Il n'y a pas d'Agénor qui tienne !... Si tu n'étais pas aussi... excentrique, avec tes toilettes et ta tournure ridicule...

MADAME BEAUCORNET, très humble.

Pouvez-vous me reprocher ?

BEAUCORNET.

Je ne te reproche rien du tout... Je constate seulement que c'est chaque fois la même chose... Un prétendu se présente ; Zéphyrine lui plait... (Se rengorgeant.) Moi... je lui plais... naturellement... Mais quand on t'a vue... Crac !... par file à gauche ! on demande où est la porte...

MADAME BEAUCORNET.

Ainsi maintenant vous osez soutenir que c'est moi qui empêche notre fille de se marier ?... Oh ! si je le savais !... (Pleurant.) Je ne m'en consolerais jamais...

BEAUCORNET.

Allons !... voyons !... Ne fais pas l'enfant !... Ne va pas pleurer !... Je ne te dis pas cela pour te faire de la peine...

MADAME BEUCORNET.

Que voulez-vous ? Je sais bien que je ne suis pas belle comme madame de Pompadour !...

BEAUCORNET.

Sans doute... mais sans être belle comme madame de Pompadour, tu aurais pu être... un peu plus...

Enfin, il ne s'agit pas de cela, à présent... Il faut hâter nos derniers préparatifs... afin que tout ait l'air grandiose...

Il met divers objets en place.

MADAME BEAUCORNET.

Agénor, vous rejetez sur moi la faute... Mais cependant, ce n'est pas moi qu'ils épousent...

BEAUCORNET.

Ah ! si je pouvais te les faire épouser !...Il y aurait longtemps que...

MADAME BEAUCORNET.

Eh bien ! Agénor, c'est très simple... quand M. Philidor viendra, je resterai dans ma chambre, pour éviter de me montrer...

BEAUCORNET.

Mon Dieu !... Je ne t'en demande pas tant !... Seulement, tu pourrais, par exemple, prendre un moyen terme... ne paraître que de dos... tu es très bien de dos...

MADAME BEAUCORNET.

Vous croyez ?

BEAUCORNET.

Parbleu !... Beaucoup mieux que de face...

MADAME BEAUCORNET, *résignée.*

Allons soit !... je ferai cela pour ma fille.

On sonne.

BEAUCORNET.

Tiens !... on a sonné... (*Regardant une pendule.*) Trois heures?... c'est lui !... allons, dépêche-toi... Tu recommanderas à Zéphyrine de venir nous retrouver au salon sous un prétexte quelconque.

MADAME BEAUCORNET.

Oui, mon ami.

BEAUCORNET.

Et puis, c'est une chose entendue : de dos !! Moi, de mon côté, je vais aller me bichonner un peu... (Madame Beaucornet sort.) J'irai jusqu'au cinquantième ; mais, à partir du cinquante-unième...

Il sort du même côté que sa femme.

SCÈNE III

UN DOMESTIQUE, PHILIDOR.

LE DOMESTIQUE, introduisant.

Si Monsieur veut prendre la peine d'entrer au salon, je vais aller prévenir Monsieur et Madame...

PHILIDOR, étonné.

Madame ?... Comment, il y a aussi *Madame ?*

LE DOMESTIQUE.

Il y a Monsieur... Il y a Madame... Il y a même Mademoiselle...

PHILIDOR.

Ah ! oui... oui... c'est bien !... (Le domestique se retire.) Tiens ? Il y a aussi Madame ?... Son concierge me l'avait caché... Après tout... ça m'est égal... je ne déteste pas les belles-mères... Elles servent de repoussoir... J'avais apporté un sac de bonbons pour la jeune fille et un autre pour le papa... je lui offrirai celui du beau-père... Ça me mettra bien avec elle. Dame ! c'est qu'il y a longtemps que je suis sur la brèche ; je commence à connaître les petites roueries... J'en suis à ma vingt-quatrième présentation, et mon oncle m'a dit: « Si dans un mois tu n'as pas de position et tu n'es pas marié, je te déshérite... » C'est que je n'ai pas envie d'être déshérité!... Du reste, il paraît que la jeune fille est charmante... J'ai rencontré son père sur l'omnibus de l'Odéon... Un homme très aimable, qui s'est aussitôt reculé pour me laisser asseoir et qui s'est empressé de faire passer mes trois sous au conducteur... Il s'est ouvert à moi; je me suis confié à lui... Bref, avant de me quitter, il m'a présenté ses civilités... et sa carte, en me disant: « Cher Monsieur, je suis enchanté d'avoir fait votre connaissance; j'ai précisément une fille à marier... il y aura une dot... si le cœur vous en dit... » Le cœur m'en a dit tout de suite... à cause de mon oncle... J'ai fait prendre des renseignements discrets chez son concierge... Ils ont été excellents... Ça prouve qu'il est généreux envers son portier.. En somme, je ne suis pas difficile, et pourvu qu'elle sache chanter ma musique...

SCÈNE IV

PHILIDOR, BEAUCORNET.

BEAUCORNET.

Bonjour, cher Monsieur!...

PHILIDOR.

Monsieur, j'ai bien l'honneur de vous saluer...

BEAUCORNET.

Comment donc!... l'honneur est pour moi... veuillez vous asseoir. (Il lui présente un siège.) Et comment ça va-t-il?

PHILIDOR.

Pas mal, merci... (A part.) Il n'est pas du tout embarrassé ; on voit qu'il en a l'habitude...

BEAUCORNET.

Vous trouvez un homme un peu fatigué... Les affaires... Ah ! dame ! les affaires absorbent beaucoup... Du reste, il n'y a que cela pour gagner de l'argent... Vous devez, Monsieur, en savoir quelque chose !

PHILIDOR.

Sans doute... sans doute... Bien que je ne sois pas, à proprement parler, dans le commerce...

BEAUCORNET.

Ah ! vous n'êtes pas dans le commerce ?

PHILIDOR.

Je suis dans la musique...

BEAUCORNET.

Oh ! excellent, la musique... Aujourd'hui, il n'y a que la musique... pour faire fortune... Nous sommes par excellence dans un siècle de chantage... (A part.) Ça marche très bien...

PHILIDOR.

Mais vraiment, Monsieur, je m'en veux de ne pas vous avoir encore demandé des nouvelles de ces dames...

BEAUCORNET, à part.

Aïe !... ma femme, pincé !... (Haut.) Mais elles vont bien... très bien... je vous remercie... Je pense que vous aurez l'avantage de voir ma fille Zéphyrine..

SCÈNE V

LES MÊMES, ZÉPHYRINE

ZÉPHYRINE.

Papa, est ce que tu n'aurais pas vu ma broderie, par hasard ?... Ah ! pardon... Messieurs, je vous dérange ?...

BEAUCORNET.

Du tout... du tout. (A Philidor.) Monsieur, je vous présente ma fille... (A Zéphyrine.) Monsieur Philidor Gaudissart, un jeune homme charmant.

ZÉPHYRINE, saluant.

Monsieur...

PHILIDOR, s'inclinant.

Mademoiselle... Effectivement j'ai eu l'honneur de rencontrer Monsieur votre père... sur...

BEAUCORNET.

Sur l'omnibus de l'Odéon... parfaitement... à l'entrée de la rue des Saints-Pères... je me souviens très bien... Ah !... ça été une vraie chance. (Il fait signe à Philidor et à Zéphyrine de s'asseoir.) Et nous disions avec Monsieur... ou plutôt Monsieur me disait... qu'il est dans la musique...

PHILIDOR.

Oui, Mademoiselle, dans la composition... C'est moi qui suis l'auteur de ces petites chansons... un peu légères, qui divertissent la population parisienne...

ZÉPHYRINE.

Oh! Monsieur, je suis charmée d'apprendre... et laissez-moi vous féliciter... elles sont d'un esprit!...

PHILIDOR.

Vous êtes bien indulgente, Mademoiselle... Je vois que vous vous occupez aussi... Vous êtes musicienne, sans doute?

ZÉPHYRINE.

Oh! fort peu... Monsieur...

BEAUCORNET, *bas, à sa fille.*

Que dis-tu, malheureuse? (*Haut.*) Mais si... Monsieur, mais si; vous pouvez vous en rapporter à moi... Elle est fille d'un père qui autrefois a beaucoup cultivé le saxophone... et je lui ai inculqué...

PHILIDOR.

Ah! Mademoiselle joue du saxophone?...

ZÉPHYRINE.

Oh! non, Monsieur...

BEAUCORNET.

Je veux dire que je lui ai inculqué mes principes musicaux... Elle vous chantera, un de ces soirs, une de vos petites chansons...

ZÉPHYRINE.

Mais certainement, Monsieur... Je tâcherai... Si je pouvais seulement en connaître les titres...

PHILIDOR, *sortant plusieurs feuillets de sa poche.*

Parfaitement... Mademoiselle... Tenez: voici d'abord le catalogue de mes chansons éditées et de celles qui doivent paraître incessamment... Voici les titres de mes romances sentimentales... ceux de mes chansons spirituelles; et enfin la liste de celles qui ne sont ni spirituelles, ni sentimentales...

BEAUCORNET, *à part.*

Pristi! Comme il y en a!... c'est un Meyerbeer!...

ZÉPHYRINE, *prenant les feuillets.*

Monsieur... je vous remercie... et après les avoir soumises à maman... je me mettrai sans faute à l'étude...

PHILIDOR, *à Beaucornet.*

Enfin, voilà, Monsieur... Maintenant, si Mademoiselle ne peut pas les chanter, peut-être que madame Beaucornet...

BEAUCORNET, *à part.*

Allons, bon! encore ma femme!...

ZÉPHYRINE.

Maman qui a beaucoup plus de voix que moi pourra certainement, Monsieur...

PHILIDOR.

Me sera-t-il permis de lui présenter aujourd'hui mes hommages?...

BEAUCORNET.

Je le pense, Monsieur... Zéphyrine, va prévenir ta mère pour qu'elle vienne au salon... (*Bas.*) Avec précaution... de dos!...

ZÉPHYRINE.

Comment?

BEAUCORNET, *bas à sa fille.*

Va.. va... ta mère saura ce que je veux dire... (*Zéphyrine sort.*) Eh bien! voilà ma fille...

PHILIDOR.

Laissez-moi vous dire, Monsieur, qu'elle est charmante... d'une gaîté... d'un esprit... d'une amabilité!...

BEAUCORNET, à part.

Oh! mais il va très bien...

PHILIDOR.

Et vous dites qu'elle n'est pas musicienne?

BEAUCORNET, à part.

Il y revient. (Haut.) Elle l'est... mais elle pourra se perfectionner...

PHILIDOR.

A la bonne heure!... c'est si agréable, Monsieur, la musique!... Si vous saviez, moi, je l'aime tant que je m'endors en jouant de l'ophicléide...

BEAUCORNET.

Ça ne m'étonne pas... Si j'en jouais... ça me produirait absolument le même effet...

SCÈNE VI

Les Mêmes, MADAME BEAUCORNET, ZÉPHYRINE.

MADAME BEAUCORNET, entrant à reculons, à part.

C'est pour ma fille!...

PHILIDOR.

Madame... je tenais avant de partir... à vous offrir mes hommages... (A part.) En voilà une manière de se présenter!...

MADAME BEAUCORNET, tournant le dos.

Vous êtes bien aimable, Monsieur...

PHILIDOR.

J'avais même pensé à vous être agréable, en vous apportant un petit sac de bonbons...

MADAME BEAUCORNET.

Mais certainement, Monsieur, je vous remercie....

Elle tend la main par derrière et Philidor lui donne le sac.

BEAUCORNET, à part.

Ça va très bien !

PHILIDOR, à part.

Elle a de drôles de manières, la maman ! (A Zéphyrine qui entre.) Mademoiselle, pourrai-je aussi vous offrir ?...

Il lui offre un autre sac de bonbons.

ZÉPHYRINE.

Monsieur, je vous remercie mille fois... vous êtes vraiment trop aimable...

PHILIDOR.

Ce sont des ANIS !...

BEAUCORNET.

Des ANIS ? Ah ! parfaitement, c'est très digestif...

PHILIDOR.

Mon Dieu !... j'ai un ami dans le commerce des bonbons, et lorsqu'il m'arrive de faire un cadeau, comme j'ai une remise...

BEAUCORNET.

Je comprends cela... Il n'y a pas de petites économies...

PHILIDOR.

Ne voulant pas abuser de vos instants, je vous demande la permission de me retirer... Madame, j'ai bien l'honneur de vous saluer...

MADAME BEAUCORNET.

Bonjour, Monsieur...

PHILIDOR, à Zéphyrine.

Mademoiselle...

Zéphyrine s'incline.

BEAUCORNET, reconduisant Philidor.

J'espère, cher Monsieur, que vous nous ferez l'honneur de venir quelquefois passer la soirée chez nous...

PHILIDOR.

Mais certainement, Monsieur... avec le plus grand plaisir... (A part, en s'en allant.) C'est égal, je la retiens, la belle-mère.

Il sort.

BEAUCORNET.

Eh bien !... qu'en dis-tu, Zéphyrine ? voilà j'imagine un gentil garçon ?

ZÉPHYRINE.

Mais oui, papa, charmant...

BEAUCORNET.

N'est-ce pas, madame Beaucornet ?

MADAME BEAUCORNET, qui s'est retournée de façon à paraître de face.

Je n'ai pas pu bien l'examiner...

BEAUCORNET.

Ah ! c'est juste... Eh bien, il me paraît charmant; seulement, il n'y a pas à dire, Zéphyrine, il faut te mettre à piocher sérieusement la musique...

ZÉPHYRINE.

Oh ! oui, papa ; allons vite la travailler...

BEAUCORNET.

Et toi, Angélique, mes compliments !... Je t'assure que tu es mieux de dos... que de face...

MADAME BEAUCORNET, mijaurée.

Flatteur !...

Ils sortent.

ACTE DEUXIÈME

CROCHE

La scène se passe chez M. Beaucornet, comme au premier acte.

SCÈNE PREMIÈRE

BEAUCORNET, MADAME BEAUCORNET, ZÉPHYRINE.

BEAUCORNET.

Allons! Zéphyrine, à l'œuvre, ma fille! Je vais essayer de t'inculquer mes principes musicaux... Il n'y a pas à dire... Il faut que je fasse de toi une musicienne...

ZÉPHYRINE, *d'un air soumis.*

Oui, papa!...

BEAUCORNET.

Et toi, la maman, tu vas seconder nos efforts...

MADAME BEAUCORNET, *l'air humble.*

Oui, Agénor, je ferai tout pour le bonheur de notre fille...

BEAUCORNET.

C'est égal, avouez que j'ai eu une fière idée, le jour où j'ai pris l'omnibus de l'Odéon et où j'ai fait la rencontre de ce M. Philidor Gaudissart...

ZÉPHYRINE.

Oh ! oui... et je suis joliment heureuse ; car j'avoue que la perspective du couvent ne me souriait guère...

MADAME BEAUCORNET, avec une résignation comique.

Pauvre enfant !... Oh ! j'y serais entrée à ta place, Zéphyrine...

BEAUCORNET, vivement.

Tiens !... c'est une idée... je n'y avais pas songé... Vous comprenez que cela commençait à devenir fastidieux de recevoir prétendus sur prétendus... d'essuyer refus sur refus... Ouf !... j'en avais assez !...

ZÉPHYRINE, à sa mère.

Mais quelle drôle d'idée vous avez eue, maman, de lui tourner tout le temps le dos, à M. Philidor ? Il n'aura pas trouvé cela aimable.

MADAME BEAUCORNET.

C'est ton père qui l'a voulu ainsi, ma fille... Et je me suis cette fois, comme toujours, conformée à sa volonté...

BEAUCORNET.

Parfaitement... parfaitement... Ce sont des manières nouvelles... les manières du grand monde... C'est très distingué...

ZÉPHYRINE.

Ah ! je suis bien aise de le savoir... La prochaine fois, je me présenterai ainsi... pour faire le grand genre...

BEAUCORNET, embarrassé, à part.

Allons bon !... il ne manquait plus que cela... (Haut.) Mais non... mais non... C'est le grand genre pour les belles-mères seulement...

MADAME BEAUCORNET.

Et surtout pour celles qui n'ont pas la beauté de madame de Pompadour.

ZÉPHYRINE.

Oh ! il doit y en avoir beaucoup, alors...

BEAUCORNET.

Allons ! allons ! nous n'avons pas de temps à perdre... M. Philidor doit revenir un de ces soirs et il faut que tu aies déjà fait des progrès... (A sa femme.) Toi, tu battras la mesure...

MADAME BEAUCORNET.

A combien de temps ? à deux temps ? à trois temps ?...

BEAUCORNET.

Ça ne fait rien... A autant de temps que tu voudras, pourvu que tu la battes sans t'arrêter... c'est tout ce qu'il faut...

MADAME BEAUCORNET.

Ça va être un peu fatigant !...

BEAUCORNET, brusquement.

Ah ! je te conseille de te plaindre...

MADAME BEAUCORNET, avec résignation.

Je ferai cela pour ma fille...

Elle commence à battre la mesure à quatre temps.

BEAUCORNET.

Attends !... attends !... il est inutile de battre des temps pour rien... Les temps... c'est de l'argent... *Times is money*... comme me l'a appris feu mon père qui m'a élevé dans des principes d'ordre et d'économie... Je vais d'abord apprendre à Zéphyrine le solfège... (Ils s'assoient en rond.) Sais-tu ce que c'est que le solfège, ma fille ?

ZÉPHYRINE.

J'en ai une idée vague...

BEAUCORNET.

Ça ne suffit pas... Il faut avoir une idée nette et précise du solfège... Le solfège... c'est de la musique...

ZÉPHYRINE.

Ah ! bien !... bien !...

MADAME BEAUCORNET.

A la bonne heure ! voilà ce qui s'appelle une définition claire et nette...

BEAUCORNET, se levant brusquement.

Qui est-ce qui a parlé de *clarinette*. (A sa femme.) Madame, si vous voulez donner la leçon à ma place, puisque vous êtes si savante ?...

MADAME BEAUCORNET.

Mais non... mais non... Agénor... j'ai dit que votre explication était *claire et nette*...

BEAUCORNET.

A la bonne heure !... (Il se rassied.) Tu sais donc, ma fille, ce que c'est que le solfège ?...

ZÉPHYRINE.

Oui, papa... c'est de la musique...

BEAUCORNET.

Très bien... mais voici où commence la difficulté : la musique c'est une simultanéité de bruits... Tu comprends ?...

ZÉPHYRINE.

Oui, papa... Ainsi, quand nous crions tous ensemble, nous faisons de la musique?

BEAUCORNET.

Précisément!... Dans la musique, il y a des tons... Il y a aussi des dièses et des bémols... Mais, nous apprendrons cela plus tard... D'ailleurs, si on ne pouvait faire de la musique qu'à la condition de savoir tout cela, personne n'en ferait... Ce qu'il y a de plus important, en musique, ce sont les notes.. Il y a plusieurs genres de notes : les notes noires qui, pour cette raison, sont appelées *noires*, et les notes blanches qui, pour cette raison, sont appelées *blanches*...

MADAME BEAUCORNET.

C'est extrêmement logique...

BEAUCORNET.

Parfaitement... Tu sais donc déjà, ma fille, ce qu'on entend par blanches et par noires... Les blanches? Rien n'est plus simple... Quand on chante, on reste un petit moment dessus, en faisant, par exemple : do — o — o —o, et cela fait le compte... Mais pour les noires, c'est beaucoup plus difficile .. Leur classification comporte des subdivisions... c'est-à-dire qu'il y a des noires surmontées d'un petit crochet et qu'on appelle CROCHES et d'autres noires surmontées d'un double petit crochet et qu'on appelle doubles CROCHES...

ZÉPHYRINE.

D'où leur vient ce nom de CROCHES?

BEAUCORNET.

Ah! bien... c'est sans doute du nom de l'inventeur... Mais nous n'avons pas le temps de nous en occuper...

ZÉPHYRINE.

Nous y reviendrons...

BEAUCORNET.

Maintenant que te voilà sérieusement instruite des principes fondamentaux, nous allons faire ce qu'on appelle de la vraie musique... c'est-à-dire que nous allons chanter...

MADAME BEAUCORNET.

Agénor, laissez-moi vous dire que je vous admire; vous avez, dans la manière de donner les définitions, une précision et une netteté qui vous honorent...

ZÉPHYRINE.

Oh! oui, papa... Pourquoi ne vous êtes-vous pas fait professeur de musique ?

BEAUCORNET.

Certainement... j'aurais pu ainsi gagner beaucoup d'argent, je le sais bien... J'ai joui autrefois d'une grande réputation, surtout comme joueur de saxophone... Mais les choses ont tourné autrement... Allons, à présent, ma fille, va me chercher les chansons de M. Philidor.

ZÉPHYRINE.

Oui, papa... (Elle se lève et va prendre un rouleau placé sur un meuble.) Les voici...

MADAME BEAUCORNET, avec pruderie.

Zéphyrine, ne donne à ton père que celles que nous avons choisies ensemble...

ZÉPHYRINE.

Oui, maman...

Elle présente quelques romances à son père.

BEAUCORNET.

Ah! voyons... nous disons, d'abord: *La Fille à Jé-*

rôme... Eh ! bien ! nous allons chanter : *La Fille à Jérôme*... Tu dois te souvenir des paroles qui, d'ailleurs, sont fort belles :

Lisant :

Nom d'un p'tit bonhomme
Ah ! sapristi !
La fille à Jérôme !
La fille à Jérôme !...
Nom d'un p'tit bonhomme
Ah ! sapristi !
La fille à Jérôme
J'l'aim' t'y ! ! (Bis.)

ZÉPHYRINE.

Quel talent il faut avoir pour composer de si belles choses !

BEAUCORNET.

D'autant plus qu'il compose lui-même et les paroles et la musique, à ce qu'il paraît !... Et ses chansons font fureur...

MADAME BEAUCORNET.

Qui disait donc que le goût public dégénérait ?

BEAUCORNET.

Des mécontents !... Des envieux !... Des gens incapables d'apprécier de belles choses... Allons, voyons, commençons... Madame Beaucornet, c'est le moment de nous servir de chronomètre... Bats la mesure... celle que tu voudras ; pourvu que ça marche, c'est tout ce qu'il faut... (A sa fille.) Toi, tu chanteras... et moi j'imiterai le saxophone pour l'accompagnement...

MADAME BEAUCORNET et ZÉPHYRINE.

Soyez tranquille...

BEAUCORNET.

Allons ! de l'ensemble... il faut de l'ensemble !...

Madame Beaucornet bat une mesure à tort et à travers. Zéphyrine chante d'une manière ridicule, de temps à autre, son père jette des notes qui imitent un grognement sourd. Ils chantent [1] :

Nom d'un p'tit bonhomme !
Ah ! sapristi !
La fille à Jérôme !...
La fille à Jérôme !...
Nom d'un p'tit bonhomme !
Ah ! sapristi !...
La fille à Jérôme !...
J'l'aim' t'y !... (Bis.)

BEAUCORNET.

Parfait !... C'est parfait !... Zéphyrine, tu as une voix d'ange !... A la bonne heure !...

ZÉPHYRINE.

Ainsi, tu es satisfait, papa ?

BEAUCORNET.

Comment donc ? C'est-à-dire que M. Gaudissart, lorsqu'il t'entendra, sera dans la jubilation...

MADAME BEAUCORNET.

J'ai battu la mesure avec tact et délicatesse, n'est-ce pas, Agénor ?

BEAUCORNET.

A merveille !... ma chérie... comme Benjamin Godard... à merveille !...

1. Pour la musique, s'adresser à la *Librairie théâtrale*.

ZÉPHYRINE.

Oh ! quel bonheur !... Je n'entrerai pas au couvent !

BEAUCORNET.

Je le crois bien !... Vois-tu, tous les soirs, je te donnerai une leçon semblable... Nous étudierons, chaque fois, une chanson nouvelle, et tu arriveras petit à petit à posséder un répertoire de chansons de jeunes filles des mieux composés...

ZÉPHYRINE.

Oui, mon petit père..

BEAUCORNET, s'épongeant.

Ah !... ce beau résultat m'a donné chaud !... C'est égal, je n'imaginais pas qu'un garçon dont j'ai fait la connaissance sur l'omnibus de l'Odéon, en faisant passer ses trois sous... eût un talent pareil... Maintenant, allons nous coucher, pour ne pas trop nous fatiguer... Au moins, tu as bien retenu l'air et les paroles !

Ils se prennent par le bras et sortent tous en chantant :

Nom d'un p'tit bonhomme !
Ah ! sapristi !... etc... etc...

ACTE TROISIÈME

ANICROCHE

La scène se passe chez M. Beaucornet.

SCÈNE PREMIÈRE

BEAUCORNET, MADAME BEAUCORNET.

BEAUCORNET, en tenue de soirée, une lettre à la main, lisant.

« Cher Monsieur, j'ai reçu votre aimable invitation et je suis très heureux de pouvoir m'y rendre... » (S'interrompant.) Ah !... Eh bien ! moi aussi ! (Lisant.) « Mais... » (A part.) Allons, bon ! il y a un *mais*... (Lisant.) «... je serais bien aise de me trouver seul avec vous... » (S'interrompant.) Seul avec moi ?... Est-ce qu'il voudrait me faire un mauvais parti ?... (Lisant.) « Pour vous entretenir d'une question aussi importante que délicate et que je n'ai pas encore eu le courage d'aborder avec vous... Présentez, je vous prie, mes hommages à ces dames et agréez pour vous, cher Monsieur, etc. (Allant et venant.) Diable !... Diable !... « seul avec moi... il n'a pas encore eu le courage... » que signifie cela ?... Décidément, il faudra que je renonce à marier ma fille... Vous allez voir que ce mariage va manquer... Voilà encore une nouvelle complication... Et de quoi pourra-t-il bien être question dans cet entretien particulier?... (Appelant.) Angélique?... C'est-peut-être à cause de ma femme ?... Parbleu !... Maintenant, j'y suis... C'est à cause d'elle... Elle les fait tous manquer...

MADAME BEAUCORNET.

Que désirez-vous, cher ami ?...

BEAUCORNET, montrant la lettre.

Tiens!... je viens de recevoir une lettre de M. Philidor...

MADAME BEAUCORNET.

Il ne vient pas?

BEAUCORNET.

Si ; mais...

MADAME BEAUCORNET.

Le mariage est manqué?

BEAUCORNET .

Non: mais...

MADAME BEAUCORNET.

Voyons, M. Beaucornet, parlez !... je suis impatiente de savoir...

BEAUCORNET, sèchement.

Ah! vous êtes impatiente ?... Moi aussi, je suis très impatient... Et cependant, j'attends... Eh bien ! M. Philidor va venir, et il demande à m'entretenir seul d'une question aussi importante que délicate... Tu ne te douterais pas de ça, toi ?...

MADAME BEAUCONNET.

Mon Dieu.. non... Que peut-il avoir à vous dire?...

BEAUCORNET, brusquement.

Je n'en sais rien... Je cherche... Et cherche un peu toi-même, au lieu de me regarder... comme une tourte !

MADAME BEAUCORNET, soumise.

Oui, M. Beaucornet... je vais chercher... (Elle réfléchit.) C'est probablement...

BEAUCORNET, vivement.

Parbleu !... je m'en doute bien que c'est pour ça... Mais quoi?... tu crois que c'est pour?...

MADAME BEAUCORNET.

Oh! non... ce n'est pas cela!...

BEAUCORNET, en colère.

Quoi? pas cela ?... Dis... dis toujours, voyons!... Sers-moi au moins à quelque chose...

MADAME BEAUCORNET, résignée.

Oui, M. Beaucornet... Eh bien! c'est... probablement pour... la dot!..

BEAUCORNET.

Parbleu!... c'est pour la dot!... C'est évident... Il va peut-être me demander cent ou cent cinquante mille francs !... Ce mariage est devenu impossible... Tu vas voir qu'il surviendra encore quelque ANICROCHE qui le fera manquer.

MADAME BEAUCORNET, l'air dolent.

Ma pauvre fille!...

BEAUCORNET.

Ne lui en dis rien, à ta pauvre fille!... Elle est déjà assez bouleversée, avec sa musique qu'elle pioche du matin au soir... Ne lui en dis rien !... Tu lui laisseras entendre seulement que M. Philidor ne peut pas venir ce soir... et elle se couchera...

MADAME BEAUCORNET, l'air soumis.

Oui, Agénor...

On sonne.

BEAUCORNET.

Tiens!... le voici... Allons, laisse-moi...

MADAME BEAUCORNET.

Oui, Agénor... (A part.) Ah!... ma pauvre fille!...

Elle sort.

BEAUCORNET, seul, circulant à grands pas.

C'est évident, parbleu!... c'est pour la dot!... Les autres se sont esquivés à cause de ma femme...lui se retirera à cause de la dot!... J'irai bien cependant jusqu'à quarante mille, cinquante mille... soixante... mais... mais, je ne puis pas cependant me mettre sur la paille... (Philidor entre.) Lui!...

SCÈNE II

BEAUCORNET, PHILIDOR.

BEAUCORNET.

Bonjour, cher Monsieur!...

PHILIDOR.

Bonjour, monsieur Beaucornet, vous avez reçu ma lettre ?

BEAUCORNET.

A l'instant, Monsieur... à l'instant même. (A part.) Parbleu, c'est pour la dot!... (Haut.) Et j'y ai vu qu'il s'agit entre nous d'une question aussi importante que délicate.. Asseyez-vous donc!...

PHILIDOR, *s'asseyant.*

Mon Dieu !... Monsieur, sans être précisément de la dernière importance, la question vaut la peine d'être abordée... Lorsqu'on se marie, n'est-ce pas, on aime bien...

BEAUCORNET, *avec un vif intérêt.*

Certainement... Certainement !... je conçois bien que...

PHILIDOR.

Vous savez ce que c'est : ces choses-là, on attend toujours le dernier moment pour les dire... et quelquefois... il arrive que... plus tard... on se reproche...

BEAUCORNET.

Oh !... bien entendu... bien entendu... Mon Dieu !... je ne veux pas être vilain... Voulez-vous que j'ajoute dix mille francs ?... N'est-ce pas assez ?

PHILIDOR.

Oh ! Monsieur...

BEAUCORNET.

Douze mille ?...

PHILIDOR.

Je vous assure... que...

BEAUCORNET.

Quinze mille ?... Cela fera cinquante-cinq mille francs... Monsieur, c'est tout ce que je puis faire pour ma fille...

PHILIDOR.

Oh ! Monsieur, laissez-moi vous dire qu'il ne s'agit pas de cela !... Mademoiselle Zéphyrine n'eût-elle pour dot que ses charmes fascinateurs et le talent sur la musique que je lui connais...

BEAUCORNET, *ivre de joie.*

Allons donc !... Ça vous suffirait ?...

PHILIDOR.

Oh! Monsieur... amplement... amplement...

BEAUCORNET, à part.

A la bonne heure!... en voilà un qui n'est pas exigeant! (Haut.) Mais alors, cher Monsieur, je ne comprends plus pourquoi vous m'avez demandé cet entretien...

PHILIDOR.

Puisque vous le permettez, je vais vous l'expliquer: je n'ai pas besoin de vous dire, Monsieur...

BEAUCORNET.

Oh! non... non...

PHILIDOR.

... Que si, comme j'ai tout lieu de le croire...

BEAUCORNET.

Oh! oui... oui... oui...

PHILIDOR.

Le mariage se conclut...

BEAUCORNET.

Ah! bien... bien... bien...

PHILIDOR.

J'aurai fait là un mariage de pure inclination...

BEAUCORNET.

Ah! Monsieur! vous parlez d'or... Le mariage d'inclination est bien le plus beau de tous les mariages... Surtout quand les parents de la fille n'ont rien à débourser.

PHILIDOR.

Vous devez savoir que du jour où, sur l'impériale de l'omnibus, vous me fîtes le portrait angélique de Mademoiselle votre fille, j'en devins éperdument amoureux... Sa *passion* pour interpréter mes chansons ne contribua pas peu à entretenir la *dito* qui éclatait déjà dans mon âme ; et, je me sentis surtout un vif penchant pour le mariage, le jour où un certain oncle à moi me dit : « Si dans un mois tu n'es pas marié, je te déshérite... »

BEAUCORNET.

Ah ! parfaitement !... parfaitement, je comprends cela, c'est assez naturel...

PHILIDOR, vivement.

Quoi ? qu'est-ce qui est assez naturel, qu'on me déshérite ?

BEAUCORNET.

Du tout... Du tout... que, dans ces conditions, vous vous sentiez du goût pour le mariage...

PHILIDOR.

A la bonne heure !... Or, cet oncle qui est très vieux...

BEAUCORNET, l'air dolent.

Pauvre homme !...

PHILIDOR.

Est très riche... Il peut avoir aujourd'hui cinquante mille livres de rente...

BEAUCORNET, suffoqué de joie.

Cin... cinquante mille livres de rente ?... et vous hésitez à épouser ma fille ?...

PHILIDOR.

Du tout... Du tout... au contraire ?... Seulement, je tenais à vous dire... et vous devez savoir qu'aujourd'hui ce n'est pas en faisant des équations du troisième degré, ni surtout de la poésie qu'on arrive à faire fortune...

BEAUCORNET.

Hélas ! Monsieur...

PHILIDOR.

Et comme tout finit par se savoir, je tenais à ne pas vous laisser ignorer que mon oncle a gagné cette fortune dans... dans...

BEAUCORNET.

Des spéculations... équivoques?

PHILIDOR.

Oh! du tout, Monsieur...

BEAUCORNET.

Eh bien, alors?...

PHILIDOR.

Dans une industrie... fort utile... fort nécessaire... indispensable même au bien-être de l'humanité; mais sur laquelle certains mauvais plaisants jettent une sorte de... discrédit... Bref, c'est dans les engrais que mon oncle a fait fortune... a gagné son petit million...

BEAUCORNET.

Son petit million!... Vous serez millionnaire un jour! et vous vous laissez arrêter par cette bagatelle?

PHILIDOR, *à part, se levant.*

En voilà un, au moins, qui n'a pas de préjugé...

BEAUCORNET.

Vous connaissez le proverbe : l'argent n'a pas d'... Et c'est tout ce que vous aviez à me dire?

PHILIDOR.

Absolument tout!...

BEAUCORNET.

Et quand expire le délai que votre oncle vous a donné pour trouver une femme légitime?

PHILIDOR.

Samedi prochain... Monsieur...

BEAUCORNET, *avec enthousiasme.*

Et nous sommes aujourd'hui lundi... Dans mes bras, mon gendre!...

PHILIDOR.

Avec plaisir, beau-père!!

Ils se jettent dans les bras l'un de l'autre.

BEAUCORNET.

Remettez-vous!... Tenez, voici un fauteuil. (*Il lui tend un fauteuil.*) Je vais aller prévenir ces dames...

PHILIDOR.

Comment donc? Ne vous dérangez pas!...

BEAUCORNET.

Ah! Monsieur, que je suis heureux de penser que ma fille a enfin trouvé à se marier suivant son cœur...

Il sort.

PHILIDOR.

Et moi! qui avais toujours rêvé un mariage d'inclination, comme ça se trouve!... Ah bien! il m'étonne par exemple! Si je m'attendais à celle-là!... Je croyais que ma révélation allait lui porter un coup...

SCÈNE III

Les Mêmes, MADAME BEAUCORNET, ZÉPHYRINE.

BEAUCORNET, à sa femme qui vient se présenter de dos.

Non!... Non!... va!... tu peux te retourner...

MADAME BEAUCORNET, saluant.

Monsieur...

PHILIDOR, lui rendant son salut.

Madame... Je suis enchanté d'avoir l'honneur de vous présenter mes hommagas... Je n'avais pas encore fait votre connaissance... de ce côté... (A Zéphyrine.) Mademoiselle!

ZÉPHYRINE, saluant.

Monsieur...

BEAUCORNET.

Eh bien! Vous ne devineriez jamais pourquoi M. Philidor voulait me parler en tête-à-tête?

MADAME BEAUCORNET et ZÉPHYRINE.

Non... Pourquoi?

PHILIDOR, à part.

Comment? il va leur dire?...

BEAUCORNET.

Eh bien! c'est parce qu'il n'osait pas vous avouer qu'il a un oncle millionnaire dont il va hériter!...

MADAME BEAUCORNET.

Pas possible!...

ZÉPHYRINE.

Comment? C'est pour cela?

BEAUCORNET.

Rien que pour cela!... Aussi n'ai-je fait aucune observation... Et Monsieur se déclare l'homme le plus satisfait du monde de devenir *hic et nunc* notre gendre...

MADAME BEAUCORNET, mielleusement.

Ah! Monsieur, que vous rendez notre fille heureuse!...

ZÉPHYRINE, à Philidor.

Figurez-vous que si je ne vous avais pas connu, j'entrais tout simplement au couvent!...

PHILIDOR.

Et imaginez-vous que si vous m'aviez repoussé, j'étais déshérité!...

BEAUCORNET.

Hein? Comme ça se trouve... (Au public.) C'est égal, je n'aurais jamais cru qu'à la cinquantième présentation, ma fille ferait un mariage d'amour!...

FIN

Imprimerie Générale de Châtillon-sur-Seine. — PICHAT ET PÉPIN.

A LA MÊME LIBRAIRIE

PIÈCES POUR LA JEUNESSE

	J.G.	J.F.	Prix
Les Amis de province.	2	4	1
L'Atelier de peinture . .	3	4	1
Les Avocats.	4	»	1
Le Billet de Loterie. . .	6	»	1
Un Cercle de femmes . .	1	7	1
La Cigale et la Fourmi.	»	6	1
Un Coup de tête.	»	2	1
Le Crime de Moutiers . .	5	»	1
Les Cuisinières	»	7	1
Deux Mères.	»	5	1
Le Diable.	3	3	1
Une Discrétion	»	2	1
La Dot d'Alice	»	2	1
Un Fiancé anonyme. . .	»	5	1
La Grande Sœur	»	2	1
Le général Pruneau (de Tours).	2	1	1
La Malade imaginaire. .	»	6	1
Ma sœur Claire.	»	4	1
Mentor (Charade)	»	4	1
Miss Peackle	»	2	1
La Négresse	»	6	1
La Nuit de Noël.	»	3	1
Une Nuit orageuse . . .	4	»	1
L'Oiseau bleu	»	3	1
Le Pâté	3	1	1
Les Petits Souliers . . .	»	4	1
Les Pommes de la mère Aubry.	»	3	1
Le Premier Bal	»	5	1
Le Premier Habit. . . .	1	1	1
Le Prix d'honneur. . . .	»	2	1
Le Sac de Scapin	4	»	1
Les Souhaits interrompus	»	4	1
Treize à table	2	2	1
Les Doctoresses	»	3	1
Les Brevets de Margot.	»	2	1
Une Perle	»	2	1
Le Trésor imaginaire	»	4	1
Le Désespoir de Louison.	»	4	1
Le Vol-au-Vent.	»	3	1
Le Réveil du Calife. .	4	»	1

PIÈCES POUR L'ENFANCE

	J.G.	J.F.	Prix
Les Bavardes	»	2	» 50
La Cigale et la Fourmi	»	2	1
Les Deux Gascons . .	2	»	» 50
Les Deux Moineaux .	1	4	1
L'Ecole buissonnière	2	»	» 50
Fiancés en herbe. . .	1	1	1
Five o'clock tea. . . .	»	2	» 50
Une Grave Affaire . .	2	2	1
Nô !	2	»	» 50
Pensum (Charade) . .	1	2	1
Petite Maman	»	4	1
Le Petit Monde. . . .	1	2	1
La Petite Princesse .	»	2	» 50
Les Petits Ambitieux	1	1	1
Les Petits Révoltés .	1	3	1
Poucet et Poucette . .	1	2	1
Pour un Hanneton. .	2	2	1
Quand nous serons grandes.	»	3	1
Le Renard et le Corbeau	2	»	1
Rêves d'Avenir. . . .	2	»	» 50
Les Révoltes de Liline.	»	2	1
Vive le général ! . . .	2	4	1

Imprimerie générale de Châtillon-sur-Seine. — PICHAT ET PEPIN.

www.ingramcontent.com/pod-product-compliance
Ingram Content Group UK Ltd.
Pitfield, Milton Keynes, MK11 3LW, UK
UKHW021956260726
13994UKWH00004B/1779

9 782329 432267